トレース Python

模倣や変更から学ぶプログラミング

実教出版

Pythonとは

Pythonは，近年，注目を浴びているプログラミング言語のひとつです。Pythonには，次のような特徴があります。

プログラムが読みやすい

Pythonのプログラムの最大の特徴は，同じインデント（段下げ）の範囲が1つの意味のまとまりを表すという点です。このため，誰が書いてもプログラムの構造がわかりやすく，初心者にもやさしい言語といわれています。

プログラムが短い

Pythonのプログラムは，多くのプログラミング言語と同様に，メインとなるプログラムと機能を実現するための関数などの組み合わせでできています。関数をまとめたものをモジュール，モジュールをまとめたものをライブラリといいますが，Pythonには標準ライブラリ以外にも多くの外部ライブラリが用意されているため，ライブラリを読み込んで必要な関数を実行することで，高度なプログラムを少ない行数で書くことができます。

汎用性・将来性が高い

現代社会では，問題を解決するためにデータ分析や将来の予測が不可欠です。その基礎となるデータサイエンスや人工知能（AI）などの分野で，Pythonが広く活用されています。また，Webの世界でも，YouTubeや Instagramなどのサーバや Webアプリケーションのベースとなるプラットフォームに用いられています。

このように，Pythonは初心者の学習から実用的なアプリケーション開発まで，幅広く対応できる言語です。将来，様々な職業の人が何らかの形でプログラムに触れる機会は多くなると考えられます。これからの社会で活躍していくために，Pythonを学ぶことはとても有意義なことといえるでしょう。

はじめに

プログラミングって難しそう…。最初はそう思うかもしれません。プログラムには，日本語や英語などと同じようにたくさんの語句や文法があります。しかし，ちいさい子が周囲の話を聞き，真似をしながら自然に言葉を覚えていくように，すでに完成しているプログラムと実行結果を見比べながら意味を考え，自分なりに書き換えていく「トレース」という作業を行うことで，必要なことから少しずつ，プログラムの処理内容や基本的なアルゴリズムを理解することができるのです。

　この本は，試行錯誤を繰り返しながら，あなたと一緒にプログラムにおける日常会話を学べるように用意されています。さあ，一緒にプログラミング学習を始めましょう。

※実習素材および解答のプログラムファイルは実教出版ホームページよりダウンロードできます。

実行環境について

　本書では実際に Python を実行させながら，プログラムがどのように動作するかを学ぶ。ここでは，Python のインストール時に一緒にインストールされる統合開発環境 IDLE（Integrated DeveLopment Environment）の使い方を説明する。

IDLE の起動

　スタートメニューから［Python］→［IDLE］の順に選択する（図1，数字はインストールされているバージョンによって異なる）。これにより Python シェルが開く（図2）。

　IDLE を使ってプログラムを実行するには，エディタでプログラムを編集して実行する方法と，1つずつ命令を実行して結果を確認する対話モードという方法がある。

図1　スタートメニュー

図2　Python シェル

図3　エディタに入力されたプログラム

エディタでプログラムを編集して実行する方法

　この方法は，プログラム全体を実行して動作を確認する場合に向いている。

・新しいプログラムの作成

　Python シェルのツールバーのメニューから，File ▶ New File を選択するとエディタが開く。エディタにプログラムを入力する。図3は簡単なプログラムを入力したものである。プログラムの2行目にインデント（字下げ）がある。if 文や for 文などのようにインデントが必要な場合には，4文字分のスペースでインデントが付けられる。

・既存のプログラムの読み込み

　ファイルに保存されているプログラムを編集する場合には，Python シェルのツールバーにあるメニューから File ▶ Open を選択する。これにより，エディタでプログラムを編集できる。

・プログラムの保存

　できあがったプログラムを実行する前にプログラムを保存する。「名前を付けて保存」は，エディタのツールバーにあるメニューから，File ▶ Save As を選択する。このとき，ファイルの拡張子は「.py」にする。また，「上書き保存」は，エディタのツールバーにあるメニューから，File ▶ Save を選択する。

・プログラムの実行

　プログラムが完成したら，実行する。このとき，エディタのツールバーにあるメニューから，Run ▶ Run Module を選択する。プログラムを保存していない場合には，ダイアログボックスが表示され，保存するか確認される。

対話モードで実行する方法

この方法は，プログラムの命令を１つずつ実行して確認したい場合に向いている。

Python シェルで，「プライマリプロンプト」（>>>）の後に，プログラムを入力し ENTER キーを押す。これにより，入力したプログラムが実行できる。if や for などインデントが必要な命令では，自動でタブが挿入される。プライマリコマンドプロンプトがない行では，インデントの深さは画面の左端から数える（図4，A）。

変数が定義されている場合に，変数名を入力して ENTER キーを押すことにより，変数の値を確認することができる（図4，B）。また，計算式を入力して ENTER キーを押すことにより，計算結果を確認することができる。これらの機能は，print() を付けなくても表示できる（図4，C）。変数の値を確認したり，プログラムを部分的に動作したり，プログラムをトレースするのに便利な機能である。

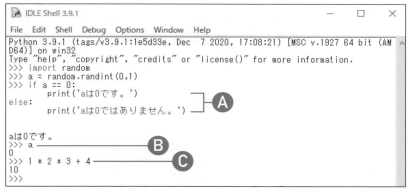

図4　対話モードでの実行

対話モードで入力した履歴の表示

対話モードでプログラムを確認するとき，すでに入力したプログラムを再度実行したい場合がある。このとき，次のキーにより入力した履歴を表示することができる。

前の履歴を表示： Alt キー ＋ P
次の履歴を表示： Alt キー ＋ N

フォントの変更

画面の大きさによっては，文字が小さく感じる場合もある。このような場合，フォントを変更するとよい。フォントを変更するには，ツールバーにあるメニューから，Options ▶ Configure IDLE を選択する。

表示されたウインドウ（図5）の Font Face ではフォント，Size では文字の大きさを設定できる。Ok ボタンまたは Apply ボタンを押すと，設定したフォントが Python シェルとエディタの両方に設定される。

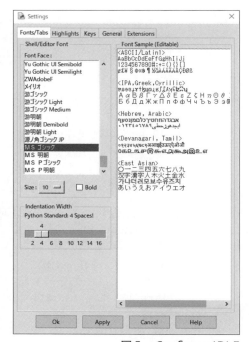

図5　Configure IDLE

基本を学ぼう

Guide 1 プログラムは，基本的には上から順に実行される。for による繰り返し（ループ）や if による条件分岐によって流れが変わる。

Guide 2 for や if の及ぶ範囲は，同じ字下げの範囲で示される。

1 次の 2 つのプログラムを実行し，どんな結果が表示されるか確認しなさい。

2 B の print を for と同じ位置まで左に移動させると，結果がどう変わるか確認しなさい。

3 C を実行すると「15 が見つかった！」と表示される。これを参考にして，B を実行すると「合計 55」と表示されるように書き換えなさい。（trpy01a_03）

Guide 4 for 文の繰り返しは range の最終値の前まで。for の使い方は文法のまとめを参照。
　リストの場合は最終要素まで。

4 A の range の（　）内の数値を変えて，1 〜 100 までの整数の合計をとるように書き換えなさい。（trpy01a_04）

Guide 5 リストに含まれる要素の数は len 関数で求めることができる。
　リストの 1 番目の要素は，リスト名 [0] で表される。

5 C で「15 は 5 番目」と表示させたい。D を次のように書き換えるとき，下線部にリストの要素数を返す関数を入れなさい。

（trpy01b_05）

```
for i in range(0, _____,1):
    if datalist[i]==target:
        print(target, 'は', i+1, '番目')
```

```
1  ## 基本を学ぼう 1 (trpy01a)
2  # 1〜10 までの整数の合計をとる
3  goukei=0
4  for i in range(1, 11, 1):          ──A
5      goukei=goukei + i
6      print(i)
7  print(goukei)──────────B
```

変数
数値や文字などのデータを格納するものを変数という。「goukei=0」は変数 goukei に 0 を入れるという意味

```
1  ## 基本を学ぼう 2 (trpy01b)
2  # リストの中から目的のデータを探す
3  datalist=[12, 23, 18, 21, 15, 17]
4  target=15
5  for num in datalist:
6      if num==target:
7          print(target, 'が見つかった！')──C
```
D

リスト
複数のデータを 1 つの名称で表したものをリストという。リストは，[ ] 内にデータを「,（カンマ）」で区切って入れる。

リストを使って表を作ろう

▶ print の改行と無改行

▶ リストの作り方

1 二次元リストを右の図のように表示させたい。
A を参考にして D を書き換えなさい。（trpy02_01）

あいうえお
かきくけこ
さしすせそ
たちつてと

2 B が繰り返し実行されるとき，下記の値がどのように変化するか答えなさい。

回数	1	2	3	4	5	6	7	8
i								
j								
i*5+j								

3 二次元リストを右の図のように表示させたい。C をそれぞれ書き換えなさい。
（trpy02_02a，trpy02_02b）

(1)
あかさた
いきしち
うくすつ
えけせて
おこそと

(2)
たさかあ
ちしきい
つすくう
てせけえ
とそこお

Guide 3 (1)は行と列を入れ替えたもの。(2)はさらに列を逆順にしたものである。

```
 1   ## リストを使って表を作ろう (trpy02)
 2   # 一次元リストの作成
 3   kana=['あ','い','う','え','お','か','き','く','け','こ',
         'さ','し','す','せ','そ','た','ち','つ','て','と']

 4   # 一次元リストの表示
 5   for moji in kana:              # リスト kana から文字をとりだす
 6       print(moji, end=' ')       # 改行せずに文字を表示する        ─A
 7   print('')                      # 最後に改行する

 8   # 二次元リストの作成
 9   kana2=[]                       # 空の二次元リストを用意する
10   for i in range(0,4,1):
11       buf=[]                     # 空の一次元リストを用意する
12       for j in range(0,5,1):
13           buf.append(kana[i*5+j]) # 一次元リストに文字を追加 ──────B
14       kana2.append(buf)          # 一次元リストを二次元リストに追加

15   # 二次元リストの表示
16   for i in range(0,4,1):
17       for j in range(0,5,1):     ─C
18           print(kana2[i][j])  ──────D
```

文字列
文字列は['(シングルクォーテーション)]で囲む。

リストの作成
一次元リストは要素単位で，二次元リストは行単位で追加する。

二次元リストの要素
二次元リストのi行j列の要素は，リスト名[i][j]で表す。

03 軌跡を使って図形を描こう

▶ モジュールの利用

▶ 図形の描画

Guide 1 回転する角度は, 頂点の外角になっている。

1 プログラム中のＡにあるｎとａの値を変更して, 正三角形, 正五角形, 正六角形を描くプログラムに書き換えなさい。
（trpy03_01a, trpy03_01b, trpy03_01c）

Guide 2 変数 i の初期値は 0, 最終値は n で繰り返すごとに 1 ずつ増える。for, while の使い方は文法のまとめを参照。

2 プログラム中のＢは for を使って書き直すことができる。for を使って書き直しなさい。（trpy03_02）

3 プログラム中のＣを次のように書き換えたとき, どのような図形が描かれるか確かめなさい。（trpy03_03）

```
while i < 5 * n:
    turtle.forward(l)
    l = l + 10
```

Guide 4 プログラムＢを繰り返すには二重ループにする。このときに, 字下げの位置に注意する。

4 正方形を 10° ずつずらした正方形を 36 個描くことにより下の図形を描画することができる。この図形を描くようにＢを書き換えなさい。（trpy03_04）

```
 1  ## 軌跡を使って図形を描こう (trpy03)
 2  import turtle  # モジュールの追加

 3  # パラメータ
 4  n = 4          # 頂点の数              ┐
 5  l = 150        # 辺の長さ              ├ A
 6  a = 90         # 頂点で回転する角度    ┘

 7  # タートルの初期化
 8  turtle.width(1)        # 線の太さ
 9  turtle.color('blue')   # 線の色
10  turtle.speed(2)        # 描画の速さ

11  # 図形の描画
12  i = 0                  # 回転した回数の初期化        ┐ B
13  while i < n:           # n 角形の描画                ┘  ┐ C
14      turtle.forward(l)  # 辺の長さだけ進む               ┘
15      turtle.left(a)     # 頂点で回転する
16      i = i + 1          # 回転した回数を増やす

17  turtle.exitonclick()   # 描画後にクリックしたら終了
```

trpy03
の実行結果

trpy03_04
の実行結果

04 間違いを直してみよう

▶構文エラー・実行エラー・論理エラー

▶乱数を作り出す random の使い方

1 プログラムの間違いを探して修正することをデバッグという。次のプログラムは，指定された数の数値を小さい順（昇順）に並べるプログラムだが，次のような間違いが9つ含まれている。データの個数を仮に20個として，このプログラムをデバッグしなさい。（trpy04_01）

構文エラー	プログラムの文法的な間違い
実行エラー	プログラムを実行中に，数値型の変数に文字型のデータを代入したり，0で除算したりするなどの処理上の間違い
論理エラー	プログラムを実行した結果が意図した通りにならない手続き（アルゴリズム）上の間違い

Guide 1 IDLE でプログラムを実行すると，構文エラーは実行前に，実行エラーは実行途中に場所と内容に関するエラーメッセージが表示される。

論理エラーはエラーメッセージが出ないので，実行結果からアルゴリズムを点検する。

```
1   ## 間違いを直してみよう（trpy04）
2   import random

3   # 10 以上 50 以内の整数の乱数リストを作成
4   n=input('データの個数？ ')
5   for i in range(0,n,1):
6       datalist.append(random,randint(10,50,1))

7   # リストの表示
8   for i in datalist
9       print(i,end=' ')
10  print('')

11  # リストを小さい順（昇順）に並べ替える
12  for i in range(0,len(datalist)-1,1):
13      for j in range(i+1,len(datalist),1);
14          if datalist[i]< datalist[j]:
15              datalist[i] , datalist[j]= datalist[j] , datalist[i]

16  # 並べ替え後のリストを表示
17  for i in range(0,len(datalist)-1,1):
18      print(datelist[i], end=' ')
19  print('')
```

> **乱数（一様乱数）**
> ある範囲の数値が不規則に等確率で表れる数の列。randint は整数の乱数である。

> **並べ替え**
> 小さい順を昇順，大きい順を降順という。

> **データの多重代入**
> 複数の変数に同時に値を代入することができる。次の式は A, B のデータを交換する結果になる。　A, B = B, A

05 素数を探そう

▶アルゴリズムの工夫

▶条件が 2 つ以上ある分岐

Guide 1 探す範囲の数は 1 〜 100 になる。リスト num_list の何番目の要素にどの数が格納されているかを考える。

1 A で探す範囲の最大値 max を 100 と入力した場合，B でリスト num_list に数を格納した後に次の print 関数を 2 行加えると，どのように表示されるかを考えなさい。また，実際にプログラムに書き加えて，結果を確かめなさい。

```
print(num_list[0])
print(num_list[1])
```

Guide 2 素数とは「1 とその数以外では割り切れない正の整数」のこと。この場合は 1 も素数に含めない。
条件が 2 つ以上ある場合は，「かつ」→ and,「または」→ or の演算子を使う。
割り切れるとは，余りが 0 になることと同じ意味である。

2 素数を探すにはいろいろな方法がある。右のプログラムは C において次の方法①で処理を行っている。

　　方法①　1 は素数ではないので 0 にして除く。
　　　　　　次に，2 から max までの整数 y を使って，2 から max までの整数 x を割り，x=y でなく，かつ y で割り切れる x を除く。

　ここで x は，x<y のときは y で割れず，x=y のときは除くので，x>y の範囲を考えればよい。方法②で処理するように C を書き換えなさい。（trpy05_02）

　　方法②　1 は素数ではないので 0 にして除く。
　　　　　　次に，2 から max までの整数 y を使って，y+1 から max までの整数 x を割り，y で割り切れる x を除く。

Guide 3 （a）例えば x=3 のときは y は 1 まで，x=4 のときは y は 2 までになる。
　さらに x のうち y より小さい素数の倍数（2y など）はすでに除かれているので，y^2 が max を超えないような y を最大値に取ると，より効率的になる。

3 x>y の x のうち最初に y で割り切れる数は 2y である。
（1）x が奇数と偶数の場合を考えて，方法③の下線部に当てはまる語句を答えなさい。
（2）方法③で処理するように C を書き換えなさい。（trpy05_03）

　　方法③　1 は素数ではないので 0 にして除く。
　　　　　　次に，2 から max を 2 で割った＿＿＿＿までの整数 y を使って，y+1 から max までの整数 x を割り，y で割り切れる x を除く

10

素数の求め方

　素数を探すには，探す範囲（1〜max）から1を除いた数を順に割る数（除数）として選択し，1を除いた数のリスト（num_list）の先頭から順に，除数で割り切れる数（素数でない数）を0に置換する。最後まで残ったものが素数である。

　この手順（アルゴリズム）は「エラトステネスのふるい」と呼ばれる。

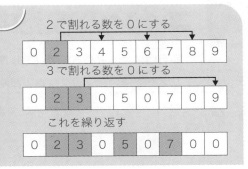

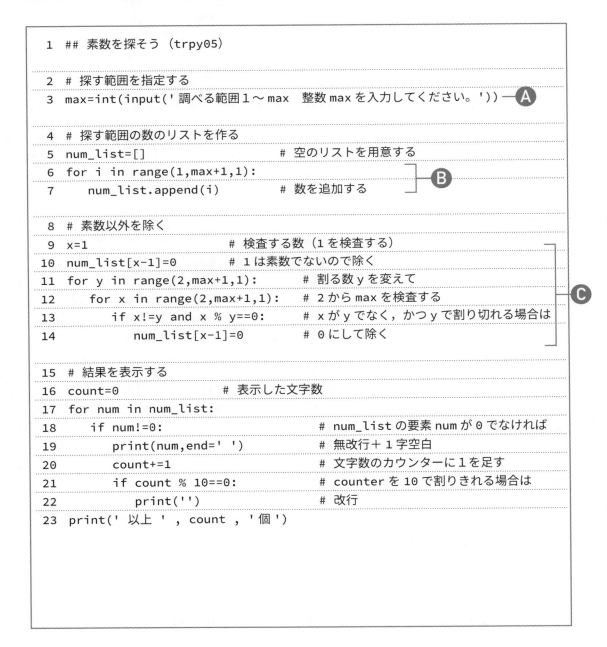

```
1   ## 素数を探そう（trpy05）

2   # 探す範囲を指定する
3   max=int(input(' 調べる範囲1〜 max　整数 max を入力してください。'))      ──Ⓐ

4   # 探す範囲の数のリストを作る
5   num_list=[]                # 空のリストを用意する
6   for i in range(1,max+1,1):                              ──Ⓑ
7       num_list.append(i)     # 数を追加する

8   # 素数以外を除く
9   x=1                        # 検査する数（1を検査する）
10  num_list[x-1]=0            # 1は素数でないので除く
11  for y in range(2,max+1,1):      # 割る数 y を変えて
12      for x in range(2,max+1,1):  # 2から max を検査する
13          if x!=y and x % y==0:   # x が y でなく，かつ y で割り切れる場合は
14              num_list[x-1]=0      # 0にして除く

15  # 結果を表示する
16  count=0                    # 表示した文字数
17  for num in num_list:
18      if num!=0:                  # num_list の要素 num が 0 でなければ
19          print(num,end=' ')      # 無改行＋1字空白
20          count+=1                # 文字数のカウンターに1を足す
21          if count % 10==0:       # counter を 10 で割りきれる場合は
22              print('')           # 改行
23  print(' 以上 ' , count , '個 ')
```

コインの枚数を数えてみよう

▶実行順による異なる結果（アルゴリズムの違い）

▶リストを用いたプログラムの簡略化

Guide **1** // は商，% は余り
を求める演算子である。

1 プログラム中の A の関数 count_coin の手順に従って，73 円に
するために必要なコインの枚数を数えるとき，計算により求まる値
をそれぞれ求めなさい。

	maisu	zankin
50 円コイン		
10 円コイン		
5 円コイン		
1 円コイン		

2 プログラム中の A の関数において，1 円コイン，5 円コイン，
10 円コイン，50 円コインの順にコインの枚数を求めるプログラム
に修正して実行し，コインの枚数は全部で何枚になるか確認しなさ
い。（trpy06_02）

> ### アルゴリズム
>
> 順序が異なると，期待する値を求めることができない。そのため，
> 計算の実行順が重要である。
> 元のプログラムのように，できるだけ金額が高いコインをより多
> く使った方が全体の枚数が少なくなる。このように，その場その場
> で最善の手を選び続けるアルゴリズムを「貪欲法」という。

Guide **3** 変数 i の値が 0,1,…
と順に変わっていったとき，
そのときの kinshu[i] の値を
考える。そしてそのときの値
をそれぞれプログラムの計算
式に当てはめて計算する。
range(0, n, 1) は range(n)
と省略することができる。

3 プログラム中の C の関数 count_coin_2 の手順に従って，39 円
にするために必要なコインの枚数を数えるとき，計算により求まる
値を答えなさい。

len（kinshu） の値 _____

i の値	kinshu[i]	maisu	zankin
i = 0			
i = 1			
i = 2			
i = 3			

Guide **4** 関数 count_coin_2
を修正しなくても，変数
kinshu のリストを修正する
ことにより，コインの種類を
増やすことができる。このと
き，リスト内の要素の順序が
重要になる。

4 プログラム中の B を修正して，500 円コインと 100 円コインも
使った場合の枚数を求められるプログラムにしなさい。（trpy06_04）

```
1  ## コインの枚数を数えてみよう (trpy06)

2  # コインごとに枚数を求める
3  def count_coin(kingaku):
4      goukei = 0                          # 合計枚数の初期値          ┐
5      zankin = kingaku                    # 残金                     │
6      maisu = zankin // 50                # 50 円コインの枚数         │
7      goukei = goukei + maisu             # 合計枚数を更新            │
8      zankin = zankin % 50                # 残金を更新                │
9      print( '50 円コイン : は ', maisu, ' 枚 ')                     │
10     maisu = zankin // 10                # 10 円コインの枚数         │
11     goukei = goukei + maisu             # 合計枚数を更新            │
12     zankin = zankin % 10                # 残金を更新                ├─ A
13     print( '10 円コイン : は ', maisu, ' 枚 ')                     │
14     maisu = zankin // 5                 # 5 円コインの枚数          │
15     goukei = goukei + maisu             # 合計枚数を更新            │
16     zankin = zankin % 5                 # 残金を更新                │
17     print( '5 円コイン : は ', maisu, ' 枚 ')                      │
18     maisu = zankin // 1                 # 1 円コインの枚数          │
19     goukei = goukei + maisu             # 合計枚数を更新            │
20     zankin = zankin % 1                 # 残金を更新                │
21     print('1 円コイン : は ', maisu, ' 枚 ')                       ┘
22     print(kingaku, ' 円は全部で ', goukei, ' 枚 ')

23  # リストを使って求める
24  kinshu = [ 50, 10, 5, 1 ]               # コインの種類 ──────── B
25  def count_coin_2(kingaku):
26      goukei = 0                          # 合計枚数の初期値          ┐
27      zankin = kingaku                    # 残金                     │
28      for i in range(len(kinshu)):        # コインの種類だけ繰り返す  │
29          maisu = zankin // kinshu[i]     # i 種類目のコインの枚数    ├─ C
30          goukei = goukei + maisu         # 合計枚数を更新            │
31          zankin  = zankin % kinshu[i]    # 残金を更新                │
32          print( kinshu[i], ' 円コインは ', maisu, ' 枚 ')          │
33      print(kingaku, ' 円は全部で ', goukei, ' 枚 ')                ┘

34  # コインの枚数を数える
35  print(' 【count_coin】 ')
36  count_coin(73)                          # 関数 count_coin を使って数える
37  print('')
38  print(' 【count_coin_2】 ')
39  count_coin_2(39)                        # 関数 count_coin_2 を使って数える
```

07 閏年を判定する関数を作ろう

▶ 関数の引数と戻り値

▶ split を使った文字列の分割

1 A の部分は，y 年が閏（うるう）年かどうかを判定するアルゴリズムである。日本語に置き換えた以下の文章の (1)～(7) について，適切な語句を選択しなさい。

y 年が 4 の倍数（(1) である・でない）ときは，
　閏年（(2) である・でない）
そうでない場合，y 年が 100 の倍数（(3) である・でない）ときは，
　閏年（(4) である・でない）
そうでない場合，y 年が 400 の倍数（(5) である・でない）ときは，
　閏年（(6) である・でない）
そうでない場合は，
　閏年（(7) である・でない）

Guide 2 def で定義される関数は，（ ）内の引数（ひきすう）をもとに処理を行う。
　return の後の値は，関数の呼び出し元に返す値（戻り値）になる。
※関数の中には，戻り値のない関数（return 文のない関数）も存在する。

2 次のプログラムは，西暦元年 1 月 1 日から y 年 m 月 d 日までの日数を計算して曜日を求める関数である。下線部 (1)，(2)，(5) に数字，(3) に関数，(4) に変数を入れてプログラムを完成させなさい。（trpy07_02）

```
1  def calc_day(y,m,d):
2      day=['日','月','火','水','木','金','土']
3      totaldays=0
4      # 対象年の前年までの年の日数を計算
5      for i in range(1,y):
6          totaldays+=    (1)
7          if judge_leep(i):
8              totaldays+=    (2)
9      # 対象年の前月末までの月の日数を加算
10     for i in range(1,m):
11         totaldays+=        (3)
12     # 対象月の当日までの日数を加算
13     totaldays+=    (4)
14     # 対象日の曜日を計算して値を返す
15     return day[totaldays%    (5)    ]
```

3 指定された年月日の曜日を次の例のように表示したい。B の前に 2 で作った関数を追加し，B を書き換えなさい。（trpy07_03）

表示例：2020 年 2 月 29 日は土曜日です。

14

年月日の情報の求め方

現在の西暦（グレゴリオ暦）では1年は365日であり，2月が例年より1日多い閏年が400年間に97年の割合で規則的に定められている。そのため，特定の年が閏年かどうか，特定の月の日数，特定の日の曜日などは計算で求めることができる。

※グレゴリオ暦が制定されたのは16世紀なので，それ以前の計算結果は実際とは異なる。もし，グレゴリオ暦が最初から続いていたものとすれば，西暦元年1月1日は月曜日になる。

```
1   ## 閏年を判定する関数を作ろう （trpy07）

2   # 処理年月の入力
3   date_txt=input(' 西暦何年何月何日？ 例）2020/2/28 ')
4   date_spl=date_txt.split('/')
5   year=int(date_spl[0])        # 年
6   month=int(date_spl[1])       # 月
7   date=int(date_spl[2])        # 日

8   # y 年が閏年なら true，閏年でなければ false を返す関数
9   def judge_leep(y):
10      if y % 4 != 0:
11          return False
12      elif y % 100 != 0:
13          return True
14      elif y % 400 != 0:
15          return False
16      else:
17          return True

18  # y 年 m 月の日数を返す関数
19  def calc_days(y,m):
20      days_normal=[0,31,28,31,30,31,30,31,31,30,31,30,31]    # 平年の月の日数
21      if m==2 and judge_leep(y):    # 閏年の 2 月は 29 日
22          return 29
23      else:
24          return days_normal[m]

25  # 指定された年月の状態を表示
26  if judge_leep(year) :
27      print(year, ' 年は閏年で，')
28  else:
29      print(year, ' 年は平年で，')
30  print(month, ' 月の日数は ', calc_days(year,month), ' 日です。')
```

文字列の分割
文字列 .split(' 区切り文字 ') は，文字列を区切り文字ごとに分割する。この場合，date_spl は [年，月，日] の文字型リストになる。

Ⓐ

Ⓑ

五択問題を作ろう

 の部分（08）

▶ モジュールによるプログラムの短縮

▶ break を使った繰り返しの中止

1 このプログラムで表示される選択肢の番号は 0 ～ 4 である。これを，表示される選択肢，入力する数値，変数 kotae の値とも 1 ～ 5 にしたい。E，G を書き換えなさい。（trpy08_01）

Guide 2 リストの要素の順序をランダムに並べ替えるには，shuffle 関数を用いる。

2 B で作った関数は，random モジュールの中にすでに用意されている。B を削除し，C，D を random を使った文に書き換えなさい。（trpy08_02）

Guide 3 ループの途中で繰り返しを中止するには break を用いる。

3 このプログラムでは，全問出題されるまで終了しない。「正解の番号は？（0＝終了）」と表示させて，0 が入力された場合は，ループを中止してプログラムが終了するようにしたい。F を書き換えなさい。（trpy08_03）

Guide 4 文字列 .isdecimal() は，文字列が整数を表しているかを判断する方法（メソッド）。整数の場合は True（真），そうでない場合は False（偽）を返す。

4 このプログラムでは，文字や空白，0 ～ 5 以外の数字が入力されると実行エラーが発生する。エラーを防止するために，F を次のように書き換えなさい。（trpy08_04）

```
1  while True:        # 無条件に繰り返す
2      kotae_txt=input(' 正解の番号は？ (0= 終了 )')
3      if kotae_txt.isdecimal(): # 文字列が整数なら
4          kotae=int(kotae_txt)    # 整数に変換
5          if 0<=kotae<=5:   # kotae が 0 以上 5 以下ならば
6              break           # while ループを中止
```

Guide 5 csv ファイルは，データがカンマで区切られているデータで，Excel などで保存するときにファイル形式を指定して，作ることができる。『ファイルの種類』で「CSV（コンマ区切り）」を指定する。

5 問題の dataset リストを自分たちで作成し，csv ファイルから読み込むようにしたい。A を次のように書き換えなさい。（trpy08_05）

```
1  import csv
2  from tkinter import filedialog

3  # CSV ファイルを指定して開く
4  file_path = filedialog.askopenfilename()
5  with open(file_path) as csv_file:
6      #問題リストの作成
7      dataset=[]
8      for row in csv.reader(csv_file):
9          dataset.append(row)          # 行単位で追加
```

```
1   ## 五択問題を作ろう (trpy08)
2   import random

3   # 問題データ [ 問題 , 正解 , 選択肢 ]
4   dataset=[[' 犬 ','dog' ,'dog/cat/bug/bird/fish'],
5            [' 猫 ','cat' ,'dog/cat/bug/bird/fish'],          A
6            [' 虫 ','bug' ,'dog/cat/bug/bird/fish'],
7            [' 鳥 ','bird','dog/cat/bug/bird/fish'],
8            [' 魚 ','fish','dog/cat/bug/bird/fish']]

9   # リストをランダムに並べ替える関数
10  def shuffle(list):
11      jyun=[]                # 並び順
12      for i in range(0,len(list),1):       # 並び順に乱数を入れる
13          jyun.append(random.random())
14      for i in range(0,len(list)-1,1):     # 乱数順に並べ替える     B
15          for j in range(i+1,len(list),1):
16              if jyun[i]>jyun[j]:              # 前の要素が後ろより大きい場合
17                  list[i],list[j] = list[j],list[i]   # リストの入れ替え
18                  jyun[i],jyun[j] = jyun[j],jyun[i]   # 並び順の入れ替え

19  # 出題
20  shuffle(dataset)                         # 出題順の並べ替え        C
21  for mondai in dataset:
22      sentaku=mondai[2].split('/')         # 選択肢をリストに分割
23      shuffle(sentaku)                     # 選択肢の並べ替え        D

24      print(mondai[0])                     # 問題の表示
25      for i in range(0,len(sentaku),1):
26          print(' ',i,sentaku[i])          # 選択肢の表示           E

27      kotae=int(input(' 正解の番号は？ '))   # 解答の入力            F

28      if sentaku[kotae]==mondai[1]:        # 判定
29          print(' 正解！ ')
30      else:                                                        G
31          print(' 違います！ ')
32      print('')                            # 改行
33
```

09 再帰を使って図形を描こう

▶ タートルグラフィックスの操作
▶ 再帰呼び出しの仕組み

Guide1 Cで呼び出された関数 myTree は①のように仮引数として length に 100，depth に 2 を受け取る。これらの値を用いて，Bで②が実行される。

1 プログラムのAでは，関数 myTree が再帰的に呼び出される。関数 myTree がどのように呼び出されるか次の表に記入しなさい。なお，再帰的に呼び出される関数は，②のように字下げしなさい。

関数 myTree の呼び出し				
① myTree (100 , 2)				
② ␣ ␣ myTree (80 , 1)				

Guide2 枝を描画している行を見つけ，その前の行に追加する。

2 プログラムのAで次のプログラムを追加すると，木の幹は太く，枝先は細く描かれるようになる。何行目の次に追加すればよいかを答えなさい。（trpy09_02）

```
turtle.pensize(depth)
```

3 trpy09_02 のプログラムのCを変更して，枝の角度が40，枝の深さが5である木を描くようしなさい。（trpy09_03）

Guide4 木の大きさは，先端の枝から数えて枝がどれだけの深さになっているか数える。なお，先端の枝は引数 depth が 0 のときに描かれる。また，隣の木にタートルを移動するとき，それぞれの命令ごとにタートルの位置と向きを考える。

4 trpy09_02 のプログラムのDを次のように変更して，右ページの実行結果のように隣にひと回り小さい木を描くように変更したい。このとき，プログラム中の空欄(1)〜(4)に当てはまる数字を答えなさい。（trpy09_04）

```
1 myTree(100,  (1)  )      # 大きい木を描く
2 turtle.penup()            # ペンを上げる
3 turtle.right(  (2)  )     # 右を向く
4 turtle.forward(250)       # 250 だけ前進する
5 turtle.left(  (3)  )      # 左を向く
6 turtle.pendown()          # ペンを下ろす
7 myTree(60,  (4)  )        # 小さい木を描く
8 turtle.exitonclick()      # 描画後にクリックしたら終了
```

```
1   ## 再帰を使って図形を描こう (trpy09)
2   import turtle
3   # 木を描く (再帰呼び出し)
4   def myTree(length, depth):
5       turtle.forward(length)              # 幹に近い部分
6       if depth > 0:                       # 残りの再帰回数があれば
7           turtle.left(angle)              # 左側の枝先の方向へ
8           myTree(0.8 * length, depth - 1) # ひと回り小さい枝
9           turtle.right(angle * 2)         # 右側の枝先の方向へ
10          myTree(0.8 * length, depth - 1) # ひと回り小さい枝
11          turtle.left(angle)              # 元の向きに戻る
12      turtle.back(length)                 # 幹の根元に戻る

13  # タートルの初期化
14  turtle.hideturtle()                     # タートル非表示
15  turtle.pensize(5)                       # ペンの太さ
16  turtle.color('#72452F')                 # ペンの色
17  turtle.speed(2)                         # 描画の速さ

18  # 初期位置へ移動
19  turtle.penup()                          # ペンを上げる
20  turtle.left(90)                         # 90°左を向く
21  turtle.back(200)                        # 200 だけ前進する
22  turtle.pendown()                        # ペンを下ろす
23  # パラメータ
24  angle = 20                              # 枝の角度

25  # 描画
26  myTree(100, 2)                          # 幹の長さ 100, 再帰呼び出し 2 回の木を描く
27  turtle.exitonclick()                    # 描画後にクリックしたら終了
```

再帰呼び出し
関数 myTree のように，自分自身を呼び出す関数を再帰呼び出しという。引数 depth の値が 0 以下になると関数 myTree は呼び出されない。このような呼び出しを止める条件がないと，無限ループになってしまう。

trpy09 の実行結果

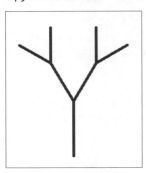

trpy09_04 の実行結果

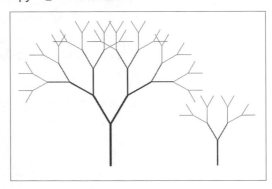

オープンデータでグラフを作ろう

▶ 簡単なデータフレームの操作

▶ モジュールを使ったグラフの描画

Guide 1 出力された rows は行数, columns は列数を表す。

1 プログラム A の次の行に「print（df）」を追加して変数 df に代入された値を出力し, 変数 df の行数と列数を確認しなさい。（trpy10_01）

2 プログラム trpy10_02 ～ trpy10_05 までをそれぞれ実行し, 表示される内容を確認しなさい。

Guide 3 複数の条件をともに満たす場合には「&」, 少なくとも一方を満たす場合には「|」で条件式をつなぐことにより, 抽出することができる。

df.iloc メソッドを使う。列は 0 列目から数えて, 「最初の列 : 最後の列 +1」で指示する。なお,
df_data = df[['上体起こし', '長座体前屈']] という書き方もある。

3 プログラム中の B を変更して, 「男」のデータを選択するプログラムにしなさい。（trpy10_02a）

同様に「高 1」または「女」のデータを選択するプログラムに変更しなさい。（trpy10_02b）

また, プログラム中の C を変更して, 「上体起こし」と「長座体前屈」のデータを射影しなさい。（trpy10_02c）

Guide 4 hue は軸をさらに分割する場合に用いる。細かく分割しない場合には, 省略することができる。

4 プログラム中の D を変更して, 性別ごとの人数がわかる棒グラフになるようにしなさい。（trpy10_03a）

5 プログラム中の E を変更して, 散布図行列（ペアプロット）の項目に「シャトルラン」を追加しなさい。（trpy10_04a）

6 プログラム中の F を変更して, 学年と性別ごとに「立ち幅跳び」の箱ひげ図を表示するプログラムにしなさい。（trpy10_05a）

データのダウンロード

ここで用いるデータは, 「科学の道具箱」で検索し, 「データライブラリ～授業で使えるデータ集～」にある「体力測定データ」からダウンロードした「高等学校体力測定データ」である。ダウンロードしたファイルは, 「tairyoku_sokutei.csv」というファイル名で csv 形式に変換してプログラムと同じフォルダに保存しておく。

	A	B	C	D	E	F	G
1	校種・学年	性	身長	体重	座高	握力	上体起こし
2	高1	男	167.6	56.2	89.8	35	33
3	高1	男	157.1	50.5	85.8	33	29
4	高1	男	165.4	61	85.2	34	31

```
1  # すべてのプログラムで共通に使う部分 (trpy10)
2  import pandas as pd
3  import matplotlib.pyplot as plt
4  import japanize_matplotlib
5  import seaborn as sns
6  # CSV ファイルの読み込み
7  df = pd.read_csv('tairyoku_sokutei.csv',
8      encoding='cp932')
```
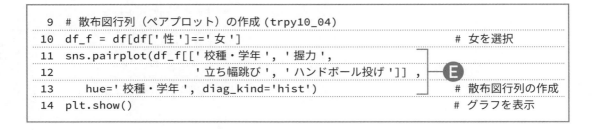

文字コードの指定
encoding='cp932' でシフト JIS を拡張した文字コードを指示している。UTF-8 の場合には，encoding='utf-8' に変更する。

```
9   # データの選択と射影 (trpy10_02)
10  df1 = df[ (df[' 校種・学年 '] == ' 高 1')
11      & (df[' 性 '] == ' 女 ') ]          # 高 1 かつ女を選択
12  print(df1.head())                       # 先頭の 5 行を出力
13  df_data = df.iloc[:, 2:13]              # 2 列目から 12 列目を射影
14  print(df_data.head())                   # 先頭の 5 行を出力
```

```
9   # 棒グラフの作成 (trpy10_03)
10  sns.countplot(x=' 校種・学年 ', data=df, hue=' 性 ')   # 棒グラフの作成
11  plt.title(' 学年・性別　データ数 ')                      # グラフのタイトル
12  plt.ylabel(' 人 ')                                     # 縦軸のラベル
13  plt.show()                                             # グラフを表示
```

```
9   # 散布図行列（ペアプロット）の作成 (trpy10_04)
10  df_f = df[df[' 性 ']==' 女 ']                          # 女を選択
11  sns.pairplot(df_f[[' 校種・学年 ', ' 握力 ',
12                    ' 立ち幅跳び ', ' ハンドボール投げ ']] ,
13      hue=' 校種・学年 ', diag_kind='hist')              # 散布図行列の作成
14  plt.show()                                             # グラフを表示
```

```
9   # 箱ひげ図の作成 (trpy10_05)
10  sns.boxplot(x = df[' 校種・学年 '] + df[' 性 '],
11      y = df['50 ｍ走 '])                                # 箱ひげ図を作成
12  plt.title(' 学年・性別　50 ｍ走タイム ')                # グラフのタイトル
13  plt.ylabel(' 秒 ', rotation = 0)                       # 縦軸のラベル
14  plt.show()                                             # グラフを表示
```

11 ハノイの塔

▶関数の再帰呼び出し

▶連続した値が代入されたリストの作り方

Guide 1 a枚の円盤を動かすには，まず，上にあるa−1枚の円盤を引数useの棒に一時的に動かす。次に，a枚目の円盤を引数toの棒に動かし，その上に一時的に移動したa−1枚の円盤を移動する。

1 プログラム中のAの関数 hanoi(a, fr, to, use) は，a枚の円盤をfrの棒からuseの棒を使ってtoの棒に移動する手順を示したものである。hanoi(3, 0, 1, 2) として呼び出されたとき，どのような操作が行われるかを次の(1)〜(11)を埋めて確かめなさい。

引数aは1ではないので，

hanoi((1) , (2) , (3) , (4)) を呼び出す

円盤 (5) を (6) の場所から (7) の場所へ移動する

引数aは1ではないので，

hanoi((8) , (9) , (10) , (11)) を呼び出す

Guide 2 n=3として，問題1のとおりに円盤が移動しているかを確かめる。

2 プログラム中のBについて，変数nを変えることにより円盤の枚数を変えて実行しなさい。

```
1   ## ハノイの塔 (trpy11)
2   import tkinter as tk

3   # 円盤の移動方法を求める
4   def hanoi(a, fr, to, use):
5       if a != 1:                              # 移動する円盤が1枚でなければ
6           hanoi(a - 1, fr, use, to)           # 上に乗っているa−1枚の円盤を移動
7       mv.append([a - 1, fr, to])              # 円盤aをfrからtoに移動
8       print('円盤 ', a - 1, ':', fr, '→', to)  # (a枚目の円盤の添字はa−1)
9       if a != 1:                              # 移動する円盤が1枚でなければ
10          hanoi(a - 1, use, to, fr)           # 上に乗っているa−1枚の円盤を移動

11  # メイン
12  mv = []                 # 移動を記録
13  n = 7                   # 円盤の枚数 ─── B
14  hanoi(n, 0, 1, 2)       # 円盤を棒0から棒2を
                            #   使って棒1に移動
15  # 描画用の変数
16  cond = [list(range(n - 1, -1, -1)), [], []]      # 円盤の状態
17  center = [110, 310, 510]                         # 3本の棒の中心のx座標
18  width = [10, 25, 40, 55, 70, 85, 100]            # 円盤の半径
19  y_pos = [160, 140, 120, 100, 80, 60, 40]         # 円盤のy座標
20  colors = ['red', 'orange', 'yellow', 'green', 'cyan', 'blue', 'purple']
                                                     # 円盤の色
21  tag = ['disc0', 'disc1', 'disc2', 'disc3', 'disc4', 'disc5', 'disc6']
                                                     # 円盤のタグ
22  index = 0                                        # 移動回数を数える
```

A （行5〜10を囲む）

連続した値のリストの作り方
range(n−1, −1, −1) は，n−1, n−2, …, 0 の連番を作り，それを list( ) でリストにする。

```
23    # 円盤の移動を描画
24    def draw():
25        global index
26        if index < len(mv):                           # 移動回数が全移動回数より少ない場合
27            disc = mv[index][0]                        # 円盤の番号
28            fr = mv[index][1]                          # 移動前の位置
29            to = mv[index][2]                          # 移動後の位置
30            del cond[fr][-1]                           # 移動前の位置にある一番上の円盤を除去
31            cond[to].append(disc)                      # 移動後の位置の一番上に置く
32            for i in range(3):                         # 3本の棒ごとに円盤を描画
33                for p in range(len(cond[i])):          # 棒iにある円盤の枚数だけ繰り返す
34                    j = cond[i][p]                     # 下からp枚目の円盤の番号を取得
35                    pos = cv.bbox(tag[j])              # 円盤jの座標を取得
36                    cv.move(tag[j], (center[i] - width[j]) - pos[0],
37                        y_pos[p] - pos[1])             # 円盤j移動
38            index += 1                                 # 移動回数を更新
39            win.after(300, draw)                       # 300ミリ秒間隔で繰り返す
40    # キャンバスの作成
41    win = tk.Tk(); win.geometry("640x220")                       # ウインドウを作成
42    cv = tk.Canvas(win, width=620, height=200, bg='white')       # キャンバスを作成
43    cv.place(x=10, y=10)                                         # キャンバスを配置
44    # 初期状態を描画
45    cv.create_rectangle(5, 180, 615, 200, fill='burlywood')  # 土台を描画
46    for i in range(3):
47      cv.create_rectangle(105+200*i, 30, 115+200*i, 180, fill='burlywood')
                                                                  # 棒を描画
48    pos = 0
49    for disc in cond[0]:                                         # 円盤を描画
50      cv.create_rectangle( 110 - width[disc], y_pos[pos],
51        110 + width[disc], y_pos[pos] + 20,
52        tags=tag[disc], fill=colors[disc])
53      pos += 1
54    # 描画
55    win.after(1000, draw)
56    win.mainloop()              # ウインドウを表示
```

棒の番号
棒がある場所には，下図のように0から2の番号が付けられているものとする。

0   1   2

ハノイの塔
ハノイの塔とは，大きさの違う円盤を移動させるパズルゲームである。このゲームのルールは，次のとおりである。
・1回で1枚しか円盤を動かすことができない。
・ある円盤の上に，それより大きい円盤を乗せることはできない。
・棒がある場所以外には円盤を移動させることができない。
このゲームで，円盤を移動する回数が最少になる移動方法を表示するプログラムを調べよう。

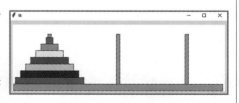

12 ○×ゲーム

▶リストや剰余によるプログラムの短縮

▶ボタンへの関数の割り当て

Guide 2 ％は割り算をしたときの余りを求める演算子である。余りを用いることで，○と×が交互に手を進めることができる。

Guide 3 どの場所かわからなければ，1によりボタンの番号を表示して確かめる。

1 プログラム中のDで盤上のマス目には番号が付けられている。プログラム中のCの2行の先頭に # を付けることによりコメント行に変更して，それぞれのボタンの番号を確かめなさい。なお，確認したら元に戻しなさい。（trpy12_01）

2 変数 count には，盤上に並べられた○と×の個数を足した値が記録されている。プログラム中のAにおいて，変数 count の値が1および2であるとき，turn と marks[turn] の値をそれぞれ答えなさい。

3 プログラム中のBでは，変数 lines から3つの数の組を一組ずつ取り出して，その組で表されるマス目に同じマークが3個並んでいるか調べている。変数 lines 中の組 [0,1,2] と [2,4,6] は盤上のどの部分について調べる組になっているか答えなさい。

```
1  ## ○×ゲーム　(trpy12)
2  import tkinter as tk
3  from tkinter import messagebox
4  from functools import partial

5  # ボタンを押したときの処理
6  def press(n):
7      global count, turn
8      if buttons[n]['text'] == '':          # ボタンに文字が表示されていない場合
9          buttons[n]['text'] = marks[turn]   # ○または×のマークを付ける
10         count = count + 1                  # マークの個数を増やす
11         result = judge()                   # 勝敗を判定する
12         turn = count % 2                   # 手番を交替する      ┐
13         label['text'] = marks[turn] + 'の番です'                ┘ A
14         if not result == '未決着':          # 勝敗が決まった場合
15             response = messagebox.askyesno(
16                 '結果　' + result, '続けますか？')
17             if response == True:           # 続ける場合
18                 init()                     #     ゲームを初期化する
19             else:                          # 続けない場合
20                 win.destroy()              #     ウインドウを閉じる
```

24

```python
21  # 勝敗の判定
22  def judge():
23      global count, turn
24      mark = marks[turn]                          # 手番のマーク
25      for line in lines:                          # 同じマークが3個並んでいるか調べる
26          if buttons[line[0]]['text'] == mark\
27                  and buttons[line[1]]['text'] == mark\
28                  and buttons[line[2]]['text'] == mark:
29              return mark + 'の勝ちです'
30      if count == 9:                              # すべてのマスが埋まったか調べる
31          return '引き分けです'
32      return '未決着'
33  # ゲームの初期化
34  def init():
35      global count, turn
36      count = 0                                   # 盤上のマークの個数
37      turn = count % 2                            # 手番を設定
38      label['text'] = marks[turn] + 'の番です'     # 先手番を表示
39      for button in buttons:                      # ボタンの○×を消去
40          button['text'] = ''
41  marks = ['○', '×']                             # 先手番は○　後手番は×
42  lines = [[0, 1, 2], [3, 4, 5], [6, 7, 8], [0, 3, 6],
43          [1, 4, 7], [2, 5, 8], [0, 4, 8], [2, 4, 6]]
                                                    # 縦・横・斜めになるボタンの番号
44  buttons = []
45  win = tk.Tk()
46  label = tk.Label(win, font=('', 28))
47  label.grid(row=0, column=0)
48  for i in range(9):                              # ボタンの作成
49      button = tk.Button(win, width=3, font=('', 80), text=i)
                                                    # ボタン上の文字の設定
50      button.config(command=partial(press, i))    # 関数の割り当て
51      button.grid(row=i // 3 + 1, column=i % 3, padx=2, pady=2)
                                                    # ボタンの配置
52      buttons.append(button)
53  init()           # ゲームを初期化する
54  win.mainloop()   # ウインドウを表示
```

B
C
D
E

高階関数

プログラム中の E の partial(press,i) は，引数を i とする関数 press(i) を作る。button.config(command=~) により，ボタンが押されたときに呼び出す関数を設定することができる。Python では関数もオブジェクトになっており，関数の戻り値にすることができる。関数 partial のように関数を戻す関数を高階関数という。

13 ピンポンゲーム

▶辞書型データの利用

▶画像のリアルタイム処理

1 このプログラムの次の項目の値を変更しなさい。
 (1) ラケットの色
 (2) ボールの色

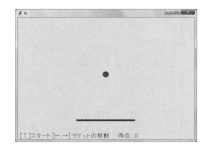

2 このプログラムの次の項目の値を変更して，ゲームの難易度を調整しなさい。
 (1) ラケットの幅
 (2) ボールの移動速度

プログラムの設定
このプログラムでは，ボールとラケットの位置や速さなどを次のように定めている。

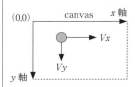

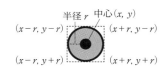

半径 r 中心 (x, y)

$(x-r, y-r)$　　$(x+r, y-r)$

$(x-r, y+r)$　　$(x+r, y+r)$

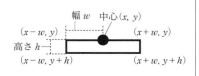

幅 w 中心 (x, y)

$(x-w, y)$　　　　$(x+w, y)$

高さ h

$(x-w, y+h)$　　　　$(x+w, y+h)$

```
 1  ## ピンポンゲーム (trpy13)
 2  import tkinter as tk
 3  import random

 4  # キャンパスの作成
 5  cv_width=600; cv_height=400                          # キャンパスの幅と高さ
 6  win = tk.Tk()                                         # ウィンドウを作成
 7  cv = tk.Canvas(win, width = cv_width, height = cv_height)
 8  cv.pack()                                             # キャンパスを配置
 9  msg=' [↑]スタート [←,→] ラケットの移動    得点: '
10  lbl= tk.Label(text=msg, anchor='w', font=('',16))
11  lbl.pack(fill=tk.X)                                   # ラベルの配置

12  # ボールとラケットの初期値（辞書型データの定義）
13  ball = {'x': int(cv_width/2),  'Vx': random.randint(5,10),
14          'y': int(cv_height/2), 'Vy': random.randint(5,10)*-1,
15          'r': 10}                                      # ボール
16  rack = {'x': int(cv_width/2), 'y': int(cv_height*9/10),
17          'w': 100, 'h':5}                              # ラケット
18  stat = {'Play': False, 'Point': 0}                    # 状態（プレイ状態，得点）
```

複数の文
2行のプログラムを1行に書く場合は「;」（セミコロン）でつなぐ。

```python
19  # ボールの動き
20  def move_ball():
21      # ボールの移動
22      ball['x'] = ball['x'] + ball['Vx']
23      ball['y'] = ball['y'] + ball['Vy']

24      # 壁で跳ね返り
25      if ball['y'] < ball['r']:                                          # 上端
26          ball['Vy'] *= -1; ball['y'] = ball['r'] * 2 - ball['y']
27      if ball['x'] < ball['r']:                                          # 左端
28          ball['Vx'] *= -1; ball['x'] = ball['r'] * 2 - ball['x']
29      if ball['x'] > cv_width - ball['r']:                               # 右端
30          ball['Vx'] *= -1; ball['x'] = (cv_width - ball['r']) * 2 - ball['x']
31      if (ball['y'] > rack['y'] - ball['r'])   ¥
32              and (rack['x']-rack['w'] < ball['x'] < rack['x']+rack['w']):
                                                                           # ラケット
33          ball['Vy'] *= -1; ball['y'] = (rack['y']- ball['r']) * 2 - ball['y']
34          stat['Point'] += 1                                            # 得点
35      if ball['y'] > cv_height - ball['r']: stat['Play']=False           # 落下

36  # ボール，ラケットの配置
37  def draw_objects():
38      cv.delete('all')                                                   # 画面を消去
39      cv.create_rectangle(rack['x'] - rack['w'], rack['y'],
40                          rack['x'] + rack['w'], rack['y'] + rack['h'],
41                          fill='brown')                                  # ラケット
42      cv.create_oval(ball['x'] - ball['r'], ball['y'] - ball['r'],
43                     ball['x'] + ball['r'], ball['y'] + ball['r'],
44                     fill='green')                                       # ボール

45  # キー操作
46  def key_action(event):
47      kinput=event.keysym
48      if kinput=='Up'   : stat['Play']=True
49      if kinput=='Right': rack['x']+=10
50      if kinput=='Left' : rack['x']-=10
51      if rack['x'] > cv_width - rack['w'] : rack['x'] = cv_width - rack['w']
52      if rack['x'] < rack['w']            : rack['x'] = rack['w']

53  # 描画
54  def draw_loop():
55      if stat['Play']: move_ball()                                       # ボールの移動
56      draw_objects()                                                     # ボール，ラケットの配置
57      lbl.config(text=msg + str(stat['Point']))                          # 得点の表示
58      win.after(50, draw_loop)                                           # 50 ミリ秒間隔で繰り返す

59  # メイン
60  draw_loop()
61  win.bind('<Key>', key_action)
62  win.mainloop()                                                         # ウィンドウを表示
```

> **辞書型データ**
> 辞書名 ={変数名：値，・・}で定義し，辞書名[変数名]で値を取り出す。辞書型データとリスト型データは関数の内外で共通のGlobal な変数になる。

> **行の連結**
> 31～32 行目のように文の途中で改行する場合は「¥」もしくは「\」を行末に置いて改行する。

文法のまとめ

演算子		数値や文字列の演算を行う演算子や比較を行う演算子などがある。

主な演算子	意味
+　　－	足し算，引き算
＊　　／　　//　　％	掛け算，割り算，商，余り
＊＊	べき乗（累乗）
==　　!=	等しい，等しくない
<　　<=　　>　　>=	比較
and(&)　　or(｜)	かつ，または
+=	a+=b は a=a+b と同じ

式　演算子　式

関数　　　　　複数の処理をまとめることにより，プログラム全体の見通しをよくしたり，繰り返し行う処理をまとめたりすることができる。処理に使用する引数や，処理の結果である戻り値をもつ場合がある。

関数の呼び出しは，命令として単独で呼び出したり（①），式の中で戻り値を使用する形で呼び出したり（②）できる。
　　関数名(引数1，引数2，…)　　　　　…①
　　変数名 =関数名(引数1，引数2，…)　…②

コメント文　　コメントとは，プログラムの内容についてなどプログラマが自由に記述した文字列で，プログラム実行時には無視される。記号「#」から行末までがコメントになる。
　　# 文字列

式　　　　　　変数,定数,演算子,関数などから構成される。式の値には,整数,実数（浮動小数点数），真理値，文字列，リストなどがある。

字下げ（インデント）　if文，for文，while文や関数定義などの階層構造を空白文字（スペース）による字下げを行い表現する。Pythonでは，見た目を整えるだけでなく，プログラムの構造とも密接に関わるので，空白文字の文字数は階層ごとにそろえなければならない。

辞書　　　　　数や文字列をまとめて１つの名前で扱う。各要素はキーで指定する。
　　辞書名 = {キー:値 ,・・}
　　変数名 =辞書名 [キー]

数値　　　　　整数や浮動小数点数（小数）といった値。

セミコロン（；）	1行に複数の文を記述できる。非推奨となっているが，紙面の制約上使用している。 　文1；文2
変数	値を格納するもの。変数名には，英文字，数字，アンダースコア (_) を含めることができる。ただし，数字で始まってはならない。変数に値を格納する次の文は代入文と呼ばれる。 　変数名 = 値
文字列	文字が連なったもの。シングルクォーテーションどうし（①），またはダブルクォーテーションどうし（②）ではさまれた部分が文字列となる。文字数が0である空文字列も文字列として処理される。 　'文字の連なり' …① 　"文字の連なり" …②
予約語	システムが使う表記としてあらかじめ決めてある用語を予約語という。予約語は，変数名や関数名などに指定できない。例えば，and，break，def，for，from，if，import，or，while などは，予約語である。
ライブラリ，モジュール	標準ライブラリとは標準的な方法で Python をインストールしたときに，同時にインストールされるプログラム（モジュール）群。必要に応じて追加するものは外部ライブラリという。
リスト	数や文字列などの値をまとめて1つの名前で扱う。各要素はインデックス（数値）で指定する。最初の要素のインデックスが 0 であることに注意する。 　リスト名 = [値,・・] 　変数名 =リスト名 [インデックス]
append	リストに要素の値を追加する。 　リスト名 .append(値)
break	for ループや while ループを中断し，抜け出す。
csv	csv ファイルの読み込みや書き込みをする標準ライブラリ。
def	関数を定義する。処理を行うだけで戻り値がない場合には，return の行は省略できる。 　def　関数名(引数1，引数2，…)： 　　処理　　　　return 戻り値

for	変数には range の初期値から最終値まで，増分ずつ増えた数が順に入る。変数が最終値（または最終値を超える値）になると，<u>繰り返しを行わず</u>次の処理に進む (①)。 変数にはリストの最初の要素から順に入る。変数がリストの最終要素になると，<u>繰り返しを行った後で</u>次の処理に進む (②)。 　　`for 変数 in range(初期値 , 最終値 , 増分)：` …① 　　`for 変数 in リスト：`　　　　　　　　　　…② なお，range は増分 =1 の場合は range(初期値, 最終値)，さらに初期値 =0 の場合は range(最終値) と省略することができる。
global	グローバル変数を宣言する。関数の外で定義した変数は，関数内では参照はできるが変更はできない。関数内で変更したい場合は関数内でグローバル宣言をする。このような変数の有効範囲をスコープといい，一部の範囲でのみ有効な変数をローカル変数という。 　　`global 変数名`

if	条件 1 が真のときは処理 1 を行い，偽のときはさらに条件 2 が真のときは処理 2 を行い，偽のときは処理 3 を行う。elif 〜処理 2 と else 〜処理 3 は省略できる。
	　　`if 　条件 1：`
	　　　　`処理 1`
	　　`elif 条件 2：`
	　　　　`処理 2`
	　　`else：`
	　　　　`処理 3`

import	モジュールを取り込む。as 以降は省略できるが，指定するとモジュール名を略称で扱える(①)。モジュール内の関数や定数を使う場合はモジュール名 . 関数，モジュール名 . 定数名と書く。モジュール名の前に from を指定するとモジュールの中の 1 つの関数だけを取り込む（②）。 　　`import モジュール名 as 略称` 　　…① 　　`from モジュール名 import 関数名` …②
input	コメントを表示して文字列の入力を求める。 　　`input('コメント ')`
int	引数に指定された数値より 0 に近く，その数値に最も近い整数を返す関数。引数が文字列の場合は，文字列が整数を表す数字の場合は数値を返し，そうでない場合はエラーになる。 　　`int(引数)`

japanize_matplotlib	matplotlib を日本語表示できるようにする外部ライブラリ。
len	引数が文字列の場合は文字数を，リストや辞書の場合はリストや辞書の要素数を返す関数。 　　len(引数)
matplotlib	グラフ描画を行う外部ライブラリ。
messagebox	tkinter のオブジェクトで tkinter のメッセージボックスを表示する機能。
pandas	統計量を求めるなどデータの分析を行う外部ライブラリ。
print	画面に値を表示する (①)。複数の値を並べて表示することもできる (②)。 () 内の最後に「,end=' '」をつけると改行せず，次に print されるものとの間に「'」で挟まれた文字を表示する (③)。 　　print(数値または文字列)　　　　　　　　…① 　　print(数値または文字列 , 数値または文字列)…② 　　print(数値または文字列 ,end=' ')　　　　…③
partial	functools のオブジェクトで関数名と引数を与えることにより関数を戻す。
random	乱数を発生する標準ライブラリ。 　　random.random()　　　　0.0 以上 1.0 未満の実数を発生する。 　　random.randint(a,b)　　a 以上 b 以下の整数を発生する。 　　random.shuffle(リスト) リストの要素をランダムに並べ替える。
seaborn	グラフ描画を行う外部ライブラリ。matplotlib がベースになっている。
split	文字列を区分記号で分割してリストにする。 　　リスト =文字列 .split(区分記号)
tkinter	ユーザが視覚的に操作する環境（GUI）を構築・操作する標準ライブラリ。
turtle	タートルグラフィックスにより描画を行う標準ライブラリ。 　　turtle.forward(a)　a だけタートルを前進させる。 　　turtle.backward(a) a だけタートルを後退させる。 　　turtle.left(a)　　　a° だけタートルを左回りに回転させる。 　　turtle.right(a)　　 a° だけタートルを右回りに回転させる。
while	条件が真の間は処理を無限に繰り返す。 　　while 条件： 　　　　　処理

解 答

p.7　02 リストを使って表を作ろう

2

回数	1	2	3	4	5	6	7	8
i	0	0	0	0	0	1	1	1
j	0	1	2	3	4	0	1	2
i*5+j	0	1	2	3	4	5	6	7

p.10　05 素数を探そう

3 (1) 商

(2) for y in range（2,max//2,1）:

p.12　06 コインの枚数を数えよう

1

	maisu	zankin
50 円コイン	1	23
10 円コイン	2	3
5 円コイン	0	3
1 円コイン	3	0

2　73 枚

3　len（kinshu）の値　4

i の値	kinshu[i]	maisu	zankin
i = 0	50	0	39
i = 1	10	3	9
i = 2	5	1	4
i = 3	1	4	0

p.14　07 閏年を判定する関数を作ろう

1 (1) でない　(2) でない　(3) でない

(4) である　(5) でない　(6) でない

(7) である

2 (1) 365　(2) 1　(3) calc_days（y,i）

(4) d　(5) 7

p.18　09 再帰を使って図形を描こう

1

関数 myTree の呼び出し
myTree(100,2)
myTree(80,1)
myTree(64,0)
myTree(64,0)
myTree(80,1)
myTree(64,0)
myTree(64,0)

2　4 行目

4　(1) 5　(2) 90　(3) 90　(4) 3

p.20　10 オープンデータでグラフを作ろう

1　948 行 × 21 列

p.22　11 ハノイの塔

1 (1) 2　(2) 0　(3) 2　(4) 1

(5) 2　(6) 0　(7) 1

(8) 2　(9) 2　(10) 1　(11) 0

p.24　12 ○×ゲーム

2　count=1 のとき　turn の値は 1

marks[turn] の値は ×

count=2 のとき　turn の値は 0

marks[turn] の値は ○

3　[0, 1, 2]：一番上の行

[2, 4, 6]：右上がりの斜め一列

p.26　13 ピンポンゲーム

1 (1) 41 行目　fill の値を変更する。

(2) 44 行目　fill の値を変更する。

2 (1) 17 行目　w の値を変更する。

(2) 13, 14 行目　Vx, Vy の値を変更する。